TRABAJA CON LA GENERACIÓN Y

Los secretos para realizar una buena gestión intergeneracional

Por Pierre Latour

Traducido por Laura Soler Pinson

Coaching en50MINUTOS.es

LA GENERACIÓN Y EN EL MUNDO LABORAL. ¿QUÉ CAMBIA?

- **¿Problemática?** ¿Qué cambios aporta la generación Y en las empresas y en las relaciones profesionales? ¿Cómo resolver esta problemática intergeneracional?
- **¿Utilidad?** Definir los retos y optimizar las relaciones intergeneracionales para instaurar un entorno laboral productivo y tranquilo.
- **¿Contexto profesional?** Relaciones profesionales, gestión de equipo, gestión intergeneracional.
- **¿Preguntas frecuentes?**
    - ¿Cuáles son las características de la generación Y?
    - ¿Qué hacer hoy en día para mejorar las relaciones intergeneracionales en mi empresa?
    - ¿Cómo reaccionar si se desencadena un conflicto intergeneracional durante una reunión?
    - ¿Se deben gestionar las generaciones de diferente manera?
    - ¿Una empresa se transforma con la presencia de la generación Y?

Desde hace algunos años, la generación Y está cada vez más presente en las empresas, reavivando la problemática del conflicto intergeneracional, que aparece más o menos cada veinticinco años con la llegada de una nueva generación. Por desgracia, este fenómeno demográfico cíclico nunca se hace sin sobresaltos y, puesto que ninguna empresa puede soportar constantemente unas relaciones humanas conflictivas, es importante tener en cuenta las particularidades de cada grupo para instaurar un equilibrio. Por consiguiente, analizaremos unos desfases culturales que a veces impiden que las generaciones colaboren en armonía. No siempre comparten el mismo punto de vista ético, la misma noción de jerarquía o incluso la misma cultura del resultado. En efecto, estas generaciones han recibido educaciones diferentes, dependiendo de la época en la que han nacido. Los contextos sociales y las trayectorias vitales difieren ya que el mundo ha evolucionado a lo largo de las décadas. La empresa no es ajena a todas estas alteraciones, puesto que las relaciones profesionales también se ven afectadas.

Actualmente, la reactividad y la flexibilidad son cualidades esenciales para una empresa. Sus competidores directos no solo se sitúan en su barrio, en su ciudad o en su país, sino en el mundo entero. Debe adaptarse constantemente produciendo mejor y más barato. En este contexto donde prevalece la competitividad, puede suceder que empleados con veinticinco años trabajen en estrecha colaboración con compañeros que tienen treinta años más. Este tipo de situaciones provoca problemas relacionales que conviene abordar de manera constructiva. La comunicación puede resultar muy complicada entre generaciones, puesto que las experiencias y las referencias culturales son a veces diametralmente opuestas.

En 50 minutos, saca partido a las reflexiones y a los consejos prácticos que te presentamos en este libro. Esta obra está dirigida a todos aquellos que trabajan en una empresa: a los mánager y a los directores de RR. HH., pero también a los empleados de todas las generaciones. Asumimos el reto de acompañarte en un desafío cargado de sentido: transformar y reducir las brechas intergeneracionales.

EL ABECÉ DE LA GENERACIÓN Y EN EL MUNDO LABORAL

LAS DIFERENTES GENERACIONES

Actualmente, varias generaciones conviven en las empresas: la del *baby boom* (1945-1960), la generación X (1960-1980) y la siguiente, llamada lógicamente la generación Y o «*digital natives*» (1980-2000). Poco a poco, la generación Z también va apareciendo en la vida profesional. Lograr que estas cuatro generaciones colaboren es un auténtico desafío que las empresas deben poder asumir.

Baby boomers 1945-1960	Generación X 1960-1980	Generación Y 1980-2000	Generación Z A partir de 2000

Generación Y o «generación internet»

Empecemos por entender mejor a esta generación Y. La clave del éxito estará en aprender a descifrarla para conocerla mejor, sin interpretar sus costumbres o sus actitudes.

En un tranvía, una chica consulta su correo electrónico en su *tablet* mientras escucha música. Aunque esta imagen de la juventud actual es simplista, también es elocuente. En efecto, esta generación es el símbolo de un nuevo enfoque de las TIC (tecnologías de la información y de la comunicación) que plantea un uso más lúdico de la cultura, aparejada cada vez más a la diversión. El amplio abanico de soportes tecnológicos y la interconectividad de los dispositivos han contribuido igualmente a acentuar la tendencia: podemos tomar fotografías y recibir correo electrónico con el teléfono móvil y descargar música e imágenes instantáneamente con el ordenador. Esta evolución técnica ha intensificado la exigencia de «lo quiero todo y lo quiero ya», caracterizada por la cultura del *zapping* (en referencia al mando a distancia, esa pequeña caja electrónica que nos permite cambiar de canal de televisión de forma remota). Es más, el término «navegar» por la red nos revela claramente la superficialidad del acto y la inmediatez del deseo.

La generación Y se ha adueñado de los objetos nómadas que permiten trabajar mientras se está constantemente conectado, lo que implica una nueva concepción del tiempo. El trabajo, el ocio, la vida familiar y las tareas cotidianas están más solapados que nunca. No obstante, las generaciones anteriores no se habían quedado al margen de los cambios que se habían producido a lo largo de los años. Aunque una gran cantidad de empleados de la generación anterior han logrado adaptarse a las TIC en la empresa, otros muchos han acumulado un importante retraso en el dominio de estos nuevos medios electrónicos. El desfase intergeneracional es una realidad que genera frustraciones e incomprensiones: se sitúa en la base de muchos conflictos y disfuncionamientos dentro de los equipos en las empresas. Esta grieta ha aparecido sin avisar, con la renovación de los directivos que, en su vida diaria, se han adueñado de las herramientas que cada vez se utilizan más en el trabajo (*smartphones* o *tablets* que emplean el mismo tipo de lenguaje que los ordenadores).

UNA EVOLUCIÓN DE LAS CONDUCTAS PROFESIONALES

Además de la afinidad que la generación Y muestra con las TIC, también mantiene una relación diferente con el trabajo y la empresa:

- **pone en entredicho la autoridad**. Además de las consecuencias de la revolución tecnológica actual sobre las conductas, los niños nacidos tras la Revolución de Mayo de 1968 mantienen un vínculo con la autoridad y con el trabajo diferente al de las generaciones anteriores. Las relaciones humanas dentro de la empresa se han transformado, aunque esta última aún siga organizándose a través de la jerarquía en la mayoría de los casos. La generación Y está compuesta por los hijos de aquellos que aprendieron a poner en entredicho la autoridad del adulto y la jerarquía. Por consiguiente, algunas conductas, como las marcas externas de respeto (la «cortesía») se han visto alteradas, aunque afortunadamente no han desaparecido por completo;
- **la vida personal equilibra la vida profesional**. Para esta generación, el trabajo no ocupa el mismo lugar que le otorgaban sus padres. La vida de familia, las relaciones de amistad y el ocio son tan importantes como su trabajo. Incluso a veces la vida personal pasa antes que la vida profesional. Muchos jóvenes se toman una pausa laboral o un año sabático, a pesar de que apenas están iniciando

su trayectoria profesional. Buscan coherencia y sentido, por lo que no conciben el trabajo como una meta en sí misma, sino más bien como un medio entre otros para alcanzar la plenitud;

- **importancia del entorno de trabajo**. El ambiente, el edificio, los espacios para fumadores e incluso las condiciones del trayecto hacia el lugar de trabajo se convierten en prioridades para esta generación;
- **una generación con poco interés por los sindicatos y la política**. Esta es la impresión que pueden tener las generaciones anteriores, aunque no está desconectada del trabajo ni de su entorno político. Los individuos de la generación Y se preocupan poco por este aspecto y, de hecho, cuentan con poca representación a este nivel;
- **un deseo de reconocimiento**: a pesar de los más de siete mil millones de habitantes que en 2015 había en la Tierra, en comparación con los cinco mil millones de 1995, estos jóvenes quieren destacar y quieren ser reconocidos individualmente;
- **una generación conectada**: los medios de comunicación, internet y las redes sociales están totalmente integrados en su cultura y en su modo de comunicación. Esto influye también en las empresas, ya que muchas de ellas se han adaptado a las prácticas del e-comercio y a las redes sociales. La información debe transmitirse rápidamente y sin parar.

¿CUÁLES SON LAS CONSECUENCIAS PARA LAS EMPRESAS?

Las empresas de un país reflejan toda la diversidad de la

actividad humana. Por lo tanto, es arriesgado establecer reglas generales para un fenómeno que influye a entidades tan diversas como una multinacional o una pequeña empresa artesanal. No obstante, vamos a intentar hacer un balance acerca de las consecuencias que conlleva la llegada de la generación Y a las empresas.

La adaptación progresiva a las TIC

El cambio más importante que ha traído la generación Y, también inducido por el contexto de desarrollo de las TIC, es una nueva relación con los medios y la comunicación. En efecto, en la actualidad todas las empresas tienen internet y trabajan tomando en cuenta el alcance de las redes sociales. La generación Y tiene un enfoque desinhibido de las TIC y de la tecnología en general. Este fenómeno se ha convertido en un factor importante del incremento de la productividad y de la creatividad; los oficios se transforman y los empleados se adaptan.

DE CHÓFER A ADMINISTRADOR

Tomemos como ejemplo la profesión de repartidor. Hace apenas veinte años, consistía en esperar un cargamento y, a continuación, dirigirse a un lugar establecido donde otro equipo se encargaba de la mercancía.

Hoy en día, el mismo empleado debe cargar su mercancía mediante herramientas sofisticadas. Puede consultar el estado del *stock* en todo momento desde su cabina y un sistema de código de barras durante la descarga informa instantáneamente a la empresa de los desplazamientos de material, productos, etc. En tan solo unos años, la naturaleza de su oficio ha evolucionado: el repartidor se ha convertido también en el administrador de almacenamiento.

Las empresas vinculadas a las TIC y, de manera más general, a la investigación y a la innovación se han convertido en las más valoradas por la generación Y. Por ejemplo, Facebook, Google o Apple son las elegidas por estos jóvenes que están buscando trabajo. Estas empresas les dan valor en términos de imagen y su aspecto «triunfador» forma parte de esa búsqueda de sentido que atormenta a esta generación. Al contrario de lo que les sucede a las generaciones mayores, ya no se trata simplemente de sobrevivir o de «arreglárselas», sino de añadir valor a su vida, sobre todo profesional. La creatividad de esta generación, fruto de una evolución de la enseñanza en su relación con el niño y de una cultura de la información al alcance de todos, beneficia a las empresas, que renuevan su imagen gracias a su aportación y, sobre todo, adaptan sus productos a los nuevos consumidores.

Una evolución de la gestión

Por lo tanto, para instaurar una dinámica productiva, es necesario adaptar las prácticas de gestión a las características de cada generación presente en la empresa. Si logramos responder a las expectativas de todos y respetamos la identidad de cada individuo, la colaboración se desarrollará de una manera mucho más fácil.

Por ejemplo, la generación Y, que aspira a más libertad y flexibilidad en su trabajo, considera ventajoso poder ajustar los horarios o desarrollar el teletrabajo. Esta última fórmula, que permite que los empleados trabajen desde sus casas, responde de una manera muy satisfactoria a la necesidad de autonomía y de independencia de esta generación.

Otro aspecto que debemos tener en cuenta es el compromiso endeble con la empresa. Ya no se da por supuesta la fidelidad a la compañía. Las sucesivas crisis económicas han mostrado la fragilidad del empleo. Podemos observar claramente este cambio profundo, propio de la época de la generación Y: la realidad del mundo laboral es tal que el joven empleado a menudo debe cambiar de puesto y de empresa. Por eso, está convencido de que no se quedará durante toda su vida laboral en un mismo lugar. Ya no contempla su trayectoria de manera lineal, ni tampoco en el mismo sector o en un solo país. Aun así, necesita sentirse valorado en su trabajo, progresar e innovar. Si su puesto no satisface su curiosidad ni sus ganas de evolucionar, seguramente se marchará a indagar a otros lugares.

El proceso de contratación también ha avanzado. El que aplicaba la generación anterior a candidatos de la generación Y resultó estar plagado de escollos y derivaba en numerosos «errores de *casting*». Han cambiado los códigos entre estas generaciones. Una contratación eficaz debe ir acompañada de una política destinada a retener los talentos ofreciendo ventajas materiales, pero también otros aspectos. Como la generación Y busca el sentido, la plenitud y la satisfacción personal, la felicidad cobra tanta importancia como la remuneración, incluso si la primera también depende de la segunda. Sin duda, fijar a los jóvenes empleados objetivos con participaciones en función de los resultados tiene más sentido que los aumentos por antigüedad. Esto todavía se materializa de una manera más evidente cuando vemos que, en la mentalidad de los empleados de esta generación, la auténtica jerarquía es la de la competencia y la creatividad, en vez de la del título y la antigüedad. Las grandes empresas que poseen un departamento de recursos humanos han entendido esta brecha más rápidamente que las otras estructuras y, de esta manera, han logrado sacar ventaja de las particularidades de la generación Y mucho más fácilmente.

GUIÑO AL EMPLEADOR

Cede tus entrevistas de trabajo a un profesional (externo) que comparta las mismas referencias que los candidatos que se presentan.

LAS RELACIONES INTERGENERACIONALES EN LA EMPRESA

El secreto reside en el hecho de llegar a conformar grupos con perfiles distintos —de todas las generaciones— dentro de los distintos departamentos. Por consiguiente, no hay que implementar una gestión de la generación Y fuera de este marco. De hecho, no tendría ningún sentido tratar a una generación de una forma específica, puesto que a su vez está compuesta por individuos con caracteres diferentes, que provienen de entornos sociales diversos, con competencias variadas.

¿Cómo se ven las generaciones?

Esta pregunta es delicada, por lo que conviene que no nos precipitemos al sacar conclusiones. Las visiones estereotipadas son casi siempre falsas y, en el mejor de los casos, inútiles. Con esta importante condición, pueden considerarse todas las situaciones, puesto que las empresas no son más que un reflejo de la diversidad humana. De manera general, te presentamos a continuación cómo se ven las distintas generaciones en un marco profesional:

Los empleados más antiguos se perciben y son percibidos por la generación Y como:	Los empleados de la generación Y se perciben y son percibidos como:
• lógicos • reflexivos • estructurados • experimentados • leales • serios • poco creativos	• resueltos • indisciplinados • inexperimentados • flexibles • desorganizados • creativos

¿Cómo gestionar varias generaciones juntas?

Aunque no se trata de una misión imposible, sí que es cierto que este tipo de gestión puede acarrear distintas reacciones, dependiendo de las situaciones, y convertirse en fuente de conflictos. Por ejemplo, cuando un proyecto se cancela, los veteranos lo percibirán a menudo como un fracaso, mientras que los jóvenes lo tomarán como una experiencia útil. Otro caso: los antiguos evaluarán un conflicto en función de su impacto en la empresa, mientras que los jóvenes lo considerarán un asunto personal.

En su obra *Intégrer et manager la génération Y* («Integrar y gestionar la generación Y»), el especialista Julien Pouget nos explica que el reto de esta problemática intergeneracional es la transmisión de los valores, de los usos y de las costumbres de la mano de los empleados con más experiencia. El objetivo es establecer una relación entre sus conocimientos y los que aporta la generación «digital» para crear una sinergia, en vez de acentuar las diferencias. Por lo tanto, hay que evitar a toda costa enfrentar a las generaciones en una competición, puesto que esta situación puede crear tensiones y la empresa acabará pagando las consecuencias.

Por ende, la estrategia de gestión consiste en fijar objetivos adaptados a cada uno, que tienden hacia un fin común. ¿Estás preparado para asumir el reto?

PRODUCTIVIDAD Y ARMONÍA EN LA EMPRESA

Crear ritos

El marco sociocultural evoluciona constantemente y a gran velocidad. El mundo cambia de era cultural mientras que la empresa adapta su relación con el mundo. Los ritos, puntos de referencia temporales y existenciales, cobran una gran importancia en este contexto vertiginoso: señalizan la vida colectiva y son fundamentales para la cohesión de un grupo, de una empresa. Cuando varias generaciones conviven, son aún más útiles. Obviamente, estos ritos varían de una empresa a otra, pero su función es la misma, puesto que marcan la jornada de trabajo. Limitar los ritos a las charlas en torno a la máquina de café refleja una pobreza de gestión que, al final, influye en la motivación del personal. Los empleados de la generación Y son más individualistas que la generación mayor, por lo que la estrategia de pertenencia a la empresa cobra una mayor importancia para conservar y reforzar el espíritu de equipo.

Actuar conjuntamente

Puede ocurrir que un jefe de empresa promueva la motivación de sus empleados a través de una homogeneidad de los grupos de edad. Con el tiempo, esto resulta nefasto para la cohesión social. Actuar conjuntamente es la esencia misma del proyecto empresarial y la piedra angular de unas relaciones intergeneracionales pacíficas. Lo ideal es que cada uno encuentre el lugar que más le corresponde, donde resulta más productivo. La tendencia natural es colocar a las personas con experiencia y, por lo tanto, con una cierta edad, en puestos que requieren una competencia probada. La misma lógica sitúa a los más jóvenes en puestos de simple ejecución. Estas situaciones favorecen la aparición de fracturas y acentúan el desfase entre generaciones. Por lo tanto, evita relegar una única franja de edad a una actividad y promueve la colaboración entre personas de generaciones diferentes. El trabajo en común se encargará de tender lazos y atenuará la desconfianza que generan los prejuicios ligados a la edad.

Valorar y respetar al otro

Ir al encuentro de los demás resulta difícil cuando sentimos que no se nos reconoce lo suficiente y que no se nos respeta.

La clave de unas relaciones tranquilas entre humanos es el reconocimiento del individuo como tal y de sus competencias. Así, las generaciones deben ser consideradas por lo que son: por ejemplo, es obvio que vivir una guerra influye en gran medida. Por su parte, los jóvenes no deben sentirse culpables por haber evitado los traumas de un conflicto sangriento. Además, el reconocimiento y el respeto dentro de un grupo forman parte de las necesidades fundamentales según el psicólogo estadounidense Abraham Maslow (1908-1970).

Pirámide de Maslow

Necesidades de autorrealización

Necesidades de reconocimiento

Necesidades de afiliación

Necesidades de seguridad

Necesidades fisiológicas

Cuando se satisfacen estas necesidades, son una fuente de motivación y de realización personal. Así, las competencias de cada uno, independientemente de su edad y de su puesto, deben reconocerse públicamente. Se trata de definir de forma clara las diferencias y los límites del campo de acción de cada trabajador y de valorarlos. Reconocer y respetar los valores de los demás mejora las relaciones profesionales y motiva a los empleados.

Establecer códigos de conducta consensuados

Los intercambios con los compañeros de trabajo son inevitables. Por otra parte, negarse a comunicarse suele ser el mensaje más claro. La comunicación no verbal es muy poderosa: los gestos, las miradas y las actitudes son a menudo más elocuentes que las palabras. De hecho, a veces los malentendidos entre las generaciones derivan de una mala comunicación o interpretación.

Puesto que los códigos de convivencia que agilizan las relaciones sociales se han ido modificando a lo largo de los años, cada generación percibe las cosas de manera notablemente distinta. En la empresa, tenemos que mostrar cortesía. Debemos tener en mente los códigos relacionales de la cortesía, base consensual de conductas y de valores que puede recordarse con unas sencillas palabras, puesto que promueven el respeto hacia los demás y animan a que se establezca una armonía intergeneracional.

Unir al equipo a través de actividades en el exterior

Aprender a conocerse forma parte de los mejores medios para desarrollar afinidades o, al menos, para mantener relaciones cordiales. Sin embargo, a veces es difícil crear verdaderos vínculos en la empresa a causa del estrés y de la falta de tiempo o de ocasiones para hablar. Reunirse en un contexto más distendido, ya sea en un encuentro deportivo entre colegas o alrededor de un trago en una velada *afterwork*, apacigua las relaciones y permite introducir matices en la imagen que nos hacemos de ciertos trabajadores.

Participar en el mito de la empresa

Presentar la empresa en un folleto o en una página web acentúa la necesidad de afiliación de los empleados. En efecto, la historia de la compañía es un mito necesario para la cohesión que invita al empleado a:

- interesarse por los orígenes de la empresa, por sus enseñanzas y por sus valores esenciales;
- vivir en un marco de referencia que refuerza la identidad cultural de la empresa;
- responder a su necesidad de ejemplaridad.

Cada uno debe ser consciente de que aporta su granito de arena a una obra colectiva. Esta sensación de afiliación diluirá la brecha intergeneracional y facilitará al mismo tiempo las relaciones humanas.

Otorgar gratificaciones intergeneracionales

Dado que la necesidad de reconocimiento afecta a todas las generaciones, habrá que felicitar con la mayor frecuencia posible a los empleados, públicamente y de manera transgeneracional. Poner de relieve una jerarquía por competencias, en vez de una jerarquía basada en la edad, refuerza el sentimiento de justicia. En ningún caso las recompensas deberán alentar el presentismo, ni considerar la antigüedad como una ventaja.

Organizar formaciones cruzadas

Ninguna empresa dinámica puede prescindir de formaciones para sus empleados. La evolución tecnológica nos asombra por su rapidez. Es fundamental que nos adaptemos a un universo cambiante.

La generación Y está mucho más cómoda que las demás en la utilización de las nuevas herramientas digitales y, más generalmente, de internet. Aparecen «brechas digitales» entre las generaciones y esto tiene consecuencias. Para superarlas, conviene intercambiar conocimientos a través de formaciones cruzadas, puesto que los jóvenes albergan saberes que pueden transmitir a los más antiguos y viceversa. En efecto, todo esto no quiere decir que la experiencia de estos últimos sea obsoleta, ya que quieren comunicar su conocimiento y los usos y costumbres de la empresa. Es importante enlazar los saberes fundamentales de la empresa y los de cada generación. Gracias a la cooperación, todos adquieren nuevas competencias y las relaciones resultan menos tensas.

GUIÑO DEL EMPLEADOR

Organiza también formaciones de gestión intergeneracional para tus directivos: así podrán gestionar de manera óptima los posibles conflictos.

Instaurar un padrinazgo

Una buena gestión de los recursos humanos promueve

relaciones intergeneracionales constructivas. Resultará mucho más fácil la llegada a un departamento de un nuevo compañero, a menudo joven, si un empleado de más edad se encarga de supervisarlo. El empleado experimentado al que se invita a formar al aprendiz durante un cierto tiempo creará vínculos de manera natural. Por otra parte, este tipo de colaboración en la empresa adquiere rápidamente una gran utilidad cuando aparecen periodos de dudas, posibles dificultades o incidentes.

Apelar a mediadores intergeneracionales

Los conflictos son inevitables dentro de un grupo. Cuando el jefe decide, deja heridas abiertas. Por el contrario, un mediador no decide nada, sino que ayudará a las partes a que encuentren una solución de forma conjunta, para que sea posible una colaboración futura. Para ello, tendrá que estar sensibilizado con la problemática intergeneracional.

Hablar de la problemática intergeneracional con total libertad

Intenta construir un espacio en el que las opiniones puedan emitirse libremente. Aquí podrán exponerse las cuestiones intergeneracionales, sin tabúes, para llegar a respuestas eficaces. Es importante que uno pueda evocar este problema en la misma empresa, puesto que esto permite buscar una solución, en vez de echar tierra sobre el asunto. Además, la libertad de expresión es fundamental para el bienestar del empleado.

EN RESUMEN

Aplicar uno o varios de los consejos que te hemos presentado permite mejorar el ambiente de trabajo y disminuir la brecha intergeneracional. Suprimirla por completo es una utopía e iría en contra del interés general. Que cada uno pueda mantener su esencia es también un criterio de bienestar. Aunque no se podrán adaptar todos estos consejos a cada empresa, pueden servir de inspiración para sus actores, de todas las generaciones, en el trayecto hacia unas relaciones más tranquilas.

LO QUE HAY QUE SEÑALAR

- Suprimir la brecha intergeneracional es una utopía y, de hecho, jugaría en contra del interés general.
- Para el bienestar de todo empleado, es fundamental que cada uno pueda guardar sus distancias, su espacio personal.

No olvidemos que en todo lo relacionado con la gestión de los recursos humanos nada se consigue por completo.

LOS MEJORES CONSEJOS

- **Reúne a las generaciones en torno a un proyecto**: en cuanto se inicie un nuevo proyecto, junta a las generaciones para optimizar las posibilidades de llegar a buen puerto. Se trata de evitar que el proyecto vaya a parar a algún cajón olvidado si lo dirigen únicamente veteranos o que estos últimos miren con escepticismo una idea lanzada por gente más joven. Si tu empresa no se presta a la creación de productos innovadores o de métodos para inventar, crea una célula de reflexión intergeneracional sobre temas que atañen al futuro de la empresa.
- **Otorga a cada uno un título que corresponda a una función**: todos los puestos en una empresa deben tener un nombre o un grado claro, y todo el mundo debe conocerlos y entenderlos. A veces es difícil o engorroso distinguir todas las funciones. Intenta aclarar estos puntos, puesto que la necesidad de reconocimiento del trabajador, cuando está satisfecha, está en la base de la armonía de un grupo.
- **Recuerda las normas de conducta, al igual que las normas de seguridad y de higiene**: tal y como señalábamos más arriba, los comportamientos son los primeros indicadores del desfase que existe entre las generaciones. Las actitudes que no se entienden pueden provocar frustraciones y tensiones. Por lo tanto, evita cualquier malentendido.

- **Organiza salidas o acontecimientos deportivos entre colegas**: incluso con pocos medios financieros, es posible crear una asociación o un círculo de amigos en la empresa. La compañía, compuesta por hombres y mujeres de diferentes generaciones, podrá organizar sesiones de deporte colectivo o salidas para ver una película o un documental que guarde relación con el producto estrella de la empresa. En paralelo, no dudes en organizar veladas *afterwork*, en las que los empleados, más distendidos, conversarán más fácilmente.
- **Asegúrate de que los empleados conocen la historia de la empresa**: si no hay un folleto explicativo, la página web debe exponer de manera didáctica la historia de la empresa para reforzar el sentimiento de pertenencia de los empleados.

- **Presenta de manera original el organigrama de la**

empresa, con un enfoque intergeneracional: más allá de las diferencias de las que hemos hablado, entre la generación Y y las anteriores, también existen puntos en común que pueden articularse en torno a valores compartidos, como la preocupación por el trabajo bien hecho, la condescendencia o la seguridad. Si tu empresa resalta otros valores comunes, hay que asegurarse de que estos transmiten una idea clara del organigrama desde una perspectiva intergeneracional.

- **Promueve el intercambio de competencias**: aunque la generación Y tiene muchas cosas que enseñar a las generaciones mayores, sobre todo en relación con las TIC, sucede lo mismo en la otra dirección. Estos intercambios de saberes, aunque no guardan una relación directa con el trabajo, podrían ser favorables para la integración.
- **Forma parejas de trabajo**: dado que solo los veteranos pueden encargarse de informar a los recién contratados cuando llegan, ¿por qué no aprovechar esta primera toma de contacto para formar parejas? Además, si se crean afinidades, este tipo de colaboración podría incluso derivar en un padrinazgo duradero.
- **Designa a dos mediadores, uno de ellos de la generación Y**: la mayor parte de los conflictos se originan por una falta de comunicación y de reconocimiento. En vez de resignarte a escuchar críticas no constructivas, designa a dos mediadores de generaciones diferentes para resolver los conflictos antes de que degeneren.

Guiño al empleado

Puedes sugerir que se integre un taller sobre la mediación (o sobre la Comunicación No Violenta) en el programa de formaciones permanentes de la empresa.

- **Resume la evolución de la problemática intergeneracional en el balance social anual**: dado que es obligatorio hacer el balance social, aprovecha para analizar en profundidad cómo se encuentra la situación social de los empleados de la empresa. De hecho, los solicitantes de empleo de la generación Y no dudarán en consultar el balance de la empresa en la que esperan trabajar. Implantar una política intergeneracional activa puede resultar excelente para la imagen de tu empresa. Pero, por supuesto, hay que saber darla a conocer.

PREGUNTAS FRECUENTES

¿CUÁLES SON LAS CARACTERÍSTICAS DE LA GENERACIÓN Y?

La generación Y reúne a individuos de origen social y cultural diferente. Sin embargo, podemos establecer algunas características comunes como:

- una familiaridad con las nuevas tecnologías de la información y de la comunicación (utilización diaria de internet y de las redes sociales, por ejemplo);
- un cuestionamiento de la autoridad;
- una impaciencia debida a la cultura del *zapping*;
- una curiosidad y un deseo de innovar;
- otros centros de interés además del trabajo (ocio, familia);
- etc.

¿QUÉ HACER HOY EN DÍA PARA MEJORAR LAS RELACIONES INTERGENERACIONALES EN MI EMPRESA?

Sigue estos consejos:

- sé consciente del alcance del problema;
- incrementa las colaboraciones intergeneracionales en cada departamento;
- organiza acontecimientos para promover los encuentros entre generaciones fuera de la oficina;
- reúne a las generaciones en torno a proyectos comunes para alcanzar soluciones eficaces.

¿CÓMO REACCIONAR SI SE DESENCADENA UN CONFLICTO INTERGENERACIONAL DURANTE UNA REUNIÓN?

Ante todo, no lo trates como tal. Simplemente, tienes que ser consciente de las disparidades que oponen a estas generaciones. Designa a continuación a dos mediadores, cada uno de una generación diferente, para intentar resolver el conflicto.

¿SE DEBEN GESTIONAR LAS GENERACIONES DE DIFERENTE MANERA?

Por supuesto que no, puesto que esto aumentaría la incomprensión y la desconfianza, y provocaría sentimientos de injusticia. Debe tratarse a todo el mundo de la misma manera.

¿UNA EMPRESA SE TRANSFORMA CON LA PRESENCIA DE LA GENERACIÓN Y?

Seamos realistas: las dinámicas de empresa han cambiado porque el entorno psicosocial ha evolucionado. La generación Y no es más que un elemento notable de esta evolución, y el mundo laboral se va adaptando a la evolución de las generaciones y sus comportamientos. Las personas que provienen de esta generación aportan una nueva relación con las TIC y con la jerarquía.

¡AHORA ES TU TURNO!

EJERCICIO 1 – ENTENDER LA SITUACIÓN

Este pequeño cuestionario te ayudará a analizar mejor la situación actual de tu empresa con respecto a las relaciones intergeneracionales. Si entiendes las circunstancias, encontrarás más fácilmente las vías de mejora pertinentes.

En tu empresa	Sí	No
¿Conviven varias generaciones?		
¿Los conflictos se producen únicamente entre generaciones?		
¿Las generaciones se encuentran repartidas en varios sectores?		
¿Puedes hablar con total libertad de las diferencias generacionales?		
¿Las generaciones hablan fuera del trabajo (pausa para el café, hora de la comida, etc.)?		
¿Ya se han organizado acontecimientos fuera de la oficina para todos los empleados?		
¿Se potencia la diversidad generacional?		
¿Las generaciones pueden intercambiar sus conocimientos y sus competencias?		
¿Se respeta y reconoce a todo el mundo por lo que es y por lo que hace?		

EJERCICIO 2 – FRENTE AL CONFLICTO

Responde a las siguientes preguntas:

- ¿Ya te has visto confrontado a algún conflicto intergene-racional en el trabajo?
- En caso afirmativo, ¿cómo reaccionaste?
- ¿Qué soluciones se encontraron y adoptaron?
- ¿Piensas que el conflicto podría haberse resuelto de otra manera?
- En caso afirmativo, ¿de qué manera?

PARA IR MÁS ALLÁ

FUENTES BIBLIOGRÁFICAS

- Ferry, Luc. 2015. "Jeremy Rifkin, un gourou chez les Bisounours". *Le Figaro*. 8 de julio. Consultado el 30 de noviembre de 2016. http://www.lefigaro.fr/vox/economie/2015/07/08/31007-20150708ARTFIG00206-jeremy-rifkin-un-gourou-chez-les-bisounours.php
- Morley, Chantal, Marie Bia Figueiredo, Emmanuel Baudoin y Aline Hrascinec Salierno. 2012. *La génération Y dans l'entreprise. Mythes et réalités*. París: Pearson.
- Ollivier, David. 2014. "Finalités et enjeux du management intergénérationnel". *Le journal du net*. 31 de diciembre. Consultado el 30 de noviembre de 2016. http://www.journaldunet.com/management/expert/59544/finalites-et-enjeux-du-management-intergenerationnel.shtml
- Pouget, Julien. 2013. *Intégrer et manager la génération Y*. París: Vuibert.

FUENTES COMPLEMENTARIAS

- Caradec, Vincent. 2008. *"Jeunes" et "vieux". Les relations intergénérationnelles en question*. Lille: L'Harmattan.
- Desplats, Marie y Florence Pinaud. 2015. *Manager la génération Y*. París: Dunod.

¡APRENDER NUNCA ANTES FUE TAN RÁPIDO!

www.en50minutos.es